Sociétés secrètes | numéro 1

LES SECRETS
DU KU KLUX KLAN

— L'Amérique sous le feu
des suprémacistes blancs

par Raphaël Coune

50MINUTES

LES SECRETS DU KU KLUX KLAN

- **Années de création ?**
  - Le premier Ku Klux Klan a été créé en 1865 et a pris fin en 1869.
  - Le deuxième débute en 1915 et se termine en 1944.
  - Plusieurs groupuscules revendiquent l'influence du Klan depuis 1946 et sont encore actifs aujourd'hui.
- **Objectifs du Ku Klux Klan ?** Prôner et protéger la pureté et la supériorité de la race blanche ainsi que celles des Américains blancs anglo-saxons protestants, de tout envahisseur quel qu'il soit.
- **Membres les plus éminents ?**
  - Nathan Bedford Forrest, lieutenant général des armées confédérées et premier Grand Sorcier du Ku Klux Klan (1821-1877) ;
  - William Joseph Simmons, soldat, médecin, professeur pour l'Église épiscopale méthodiste du Sud, fondateur du deuxième Ku Klux Klan et deuxième Grand Sorcier de la société secrète (1880-1945) ;
  - Hiram Wesley Evans, dentiste et Assistant Impérial du Ku Klux Klan (1881-1966).
  - David Duke, fondateur des Chevaliers du Ku Klux Klan (né en 1950).

Actuellement, lorsque l'on songe au Ku Klux Klan, on pense immédiatement aux actes de violence perpétrés à l'encontre des Noirs d'Amérique et du mouvement luttant pour les droits civiques au cours des années soixante. Mais qui sait encore que le Klan est apparu plus d'un siècle avant l'assassinat de Martin Luther King (pasteur américain et leader pour la reconnaissance des droits civiques, 1929-1968) ? Qu'il puise son origine dans le mythe d'un Sud chevaleresque et qu'il avait pour vocation de défendre la veuve et l'orphelin ?

Qui sait encore que les émeutes des années soixante, qui ont si profondément marqué les esprits, ne sont pas les premiers débordements du Klan et qu'elles sont loin d'en être les manifestations les plus violentes ? Qui se souvient des scandales et des complots qui ont frappé le Klan et le monde politique américain des années vingt ? Qui se rappelle du temps où le président des États-Unis Woodrow Wilson (1856-1924), connu pour sa participation au traité de Versailles (1919) et à la création de la Société des Nations, affirmait en public tout le bien qu'il pensait du Ku Klux Klan, tout le bénéfice que le mouvement apportait au pays et toute la justesse de leur cause ? Qui peut encore concevoir, aujourd'hui, qu'il fut une époque où plus de cinq millions d'Américains entendaient affirmer et sauvegarder la suprématie de la race blanche ? Comment expliquer tout cela ? Et, finalement, entre les symboles d'un racisme primaire et le mythe chevaleresque, entre les lynchages et la protection de la veuve et de l'orphelin, quel était ce Ku Klux Klan dont l'histoire semble s'oublier, mais dont le nom effraie encore ?

LE KU KLUX KLAN
À TRAVERS LES SIÈCLES

AUX ORIGINES DU KKK

C'est à Pulaski, dans l'État du Tennessee, que le Ku Klux Klan trouve son origine, comme l'indique la plaque commémorative inaugurée en 1921 par John B. Kennedy (1900-1983), le dernier fondateur encore vivant à l'époque, qui se trouve sur le mur d'une maison. Voici ce qu'il y est noté : « Le Ku Klux Klan a été organisé ici, dans le bureau du juge Thomas M. Jones, le 24 décembre 1865. Noms des organisateurs originels : Calvin E. Jones, Frank O. Marc Cord, Richard R. Reed, John B. Kennedy, John C. Lester, James R. Crowe. »

Six fondateurs donc, des amis de longue date et d'anciens officiers de l'armée confédérée qui, de retour dans leur ville après quatre années de combats intenses, s'ennuient. La guerre de Sécession est terminée depuis à peine six mois et ces compagnons ne savent déjà plus comment s'occuper. Ils décident alors de créer un club sans motif précis, leur but étant simplement de se réunir, copiant en cela les confréries d'étudiants des universités en vogue. John B. Kennedy propose de l'appeler Kuklos (*kuklos* signifiant en grec « le cercle »). James Crowe propose de scinder le mot en deux et de remplacer le « os » par « ux » pour former le mot *lux* (« la lumière » en latin). Enfin, John Lester fait remarquer qu'ils sont tous d'ascendance écossaise et qu'ils ont lu les romans de Walter Scott (romancier écossais, 1771-1832) traitant des anciens clans célèbres d'Écosse. Il écrit le mot « clan » avec un « K » pour que les initiales soient toutes identiques. Le Ku Klux Klan est né.

Dès les premiers jours de l'année 1866, les six confrères se réunissent, souvent la nuit, en secret, adoptent un déguisement afin de paraître mystérieux et d'augmenter la panique en ville. Quoi de plus plaisant en effet que de faire peur ? Tous s'enveloppent donc de draps, découpent des cagoules dans des taies d'oreiller, déguisent leurs chevaux et défilent la nuit dans les rues de Pulaski. De leurs fenêtres, les habitants terrifiés ou amusés observent le spectacle insolite. Quelle joie pour nos six jeunes hommes d'entendre le lendemain les conversations passionnées de leurs connaissances. Le succès est au rendez-vous, et, très vite, des centaines de nouveaux adhérents se bousculent pour participer aux promenades nocturnes. Toutes les nuits, dispersés en colonnes, les membres du KKK vont, viennent, se croisent dans les rues. La ville semble envahie par des figures fantomatiques, et, parmi les spectateurs les plus effrayés, se trouvent les Noirs. À l'époque moins instruits, ils perçoivent dans ces silhouettes étranges les fantômes des soldats confédérés morts durant la guerre revenus habiter leur ville.

Peu à peu, les membres du KKK découvrent dans leurs rendez-vous nocturnes le moyen de libérer leur rancœur envers ceux qui, à leurs yeux, ont causé la guerre et leur déconvenue. Il ne s'agit désormais plus de se promener la nuit pour effrayer la population comme on peut jouer à se faire peur dans un climat bon enfant, mais bien de terrifier les Noirs en leur faisant croire que les fantômes des soldats tués sont venus les hanter. Pour rendre les scènes plus réalistes, ils ont même recours à différents subterfuges. Ils leur réclament, par exemple, un seau d'eau qu'ils boivent d'une traite grâce à un système de tuyau dissimulé sous leur cagoule ou encore les salue en leur tendant une main squelettique.

Un an après sa création, le premier congrès du KKK se tient à Nashville, en janvier 1867. Le Klan s'étant considérablement développé dans l'ensemble de l'État, il devient nécessaire de l'organiser, de le structurer. Le groupe se dote alors d'une procédure d'admission, d'une philosophie, d'une organisation et d'une hiérarchie. Il devient un mouvement clandestin qui étend son emprise dans tous les États du Sud. On propose à Robert Lee (général en chef des armées confédérées, 1807-1870) d'en être le Grand Sorcier, mais celui-ci, étant déjà âgé, refuse l'offre. C'est finalement Nathan Bedford Forrest qui est choisi.

Portrait de Nathan Bedford Forrest.

Les plaisanteries nocturnes et les ballades se transforment peu à peu en séance d'intimidation et de lynchage. Ils forcent, par exemple, les Noirs à voter pour le parti soutenu par le Klan ou leur interdisent tout simplement d'aller voter. S'ils ne respectent pas leurs ordres, les représailles sont souvent sanglantes. Ceux qui, par leur réussite ou leur courage, remettent en cause l'idée que leur race est inférieure sont ceux qui ont le plus à craindre. Pour leur faire entendre raison, les membres du KKK n'hésitent pas à procéder à des enlèvements, à des séances de fouet et à appliquer leur propre justice dont la sentence peut aller jusqu'à la mort. Ces actes ne restent pas impunis et, au fil des mois, les prisons se remplissent de gens soupçonnés appartenir au Klan. Devant ces abus de violence, le général Forrest dissout officiellement le KKK en 1869, mais quelques cellules locales continuent leurs exactions.

En 1871, la Cour suprême promulgue une série de lois, le Klan Act, visant notamment à empêcher deux individus ou plus de se réunir en étant déguisés, ou encore à interdire à quiconque de priver un citoyen de ses droits. Six ans plus tard, le Klan est officiellement interdit par un arrêt de la Cour suprême, suite à un énième attentat. Le climat se calme et les troupes fédérales qui occupaient le Sud depuis la fin de la guerre de Sécession sont démobilisées la même année.

Toutefois, ces mesures ne viennent guère mettre un frein au racisme qui reste bien présent aux États-Unis. Depuis 1875, les lois Jim Crow sont appliquées dans les États du Sud pour contourner les amendements de la Constitution qui permettent aux Noirs de voter et de vivre parmi les Blancs. Si le droit de vote leur est accordé, le texte laisse toutefois le soin à chaque État de régler les modalités du scrutin. De même, il ne leur interdit pas de légiférer sur la séparation entre les deux groupes. Cela a comme conséquence de voir naître une société profondément inégalitaire où les Noirs sont mis à l'écart des Blancs. « Égaux, mais séparés », voilà le principe juridique qui

perdurera jusqu'à la fin de la Seconde Guerre mondiale (1939-1945).
Et, à mesure que la ségrégation devient légale, les membres du KKK
abandonnent leurs sévices.

UN FILM À L'ORIGINE DE LA RÉSURGENCE DU KLAN

Les années passent et le monde finit par oublier le KKK. À l'aube
du XXe siècle, peu de personnes se souviennent encore des grandes
chevauchées nocturnes et des lynchages. L'histoire du mouvement
aurait pu s'arrêter là. Pourtant, en 1915, le Ku Klux Klan renaît de
ses cendres pour atteindre une force qu'il n'a alors jamais connue.
Cette année-là, 50 ans après la fin de la guerre de Sécession, un long
métrage au succès colossal mettra à bas la paix sociale qui s'était
installée. Le réalisateur David W. Griffith (1875-1948) s'inspire du
roman *The Clansman, an Historical Romance of the Ku Klux Klan*
(1905), écrit par un certain Thomas Dixon (1864-1946) qui propose
dans son ouvrage un véritable hymne à la gloire du KKK, pour réa-
liser *Birth of a Nation*, le plus grand et spectaculaire long métrage
de son époque. À travers celui-ci, il raconte l'histoire de la guerre
de Sécession et des années de reconstruction du Sud qui ont suivi,
et tente, non sans relents racistes, de justifier les crimes perpétrés
par le KKK. Le succès est immense, au point que, deux ans après sa
sortie, le film a rapporté 60 millions de dollars !

Affiche du film *Birth of a Nation*, 1915.

Parmi les spectateurs, un certain William S. Simmons (1880-1945) est profondément marqué par le film et se sent appelé par une tâche divine : faire renaître le KKK. Le soir de Thanksgiving, il invite ses proches à le suivre. Ensemble, ils se rendent à Stone Mountain, une montagne dans les faubourgs d'Atlanta. Le groupe gravit à pied le sommet du rocher, où ils trouvent une gigantesque croix imbibée de pétrole et un autel de fortune sur lequel sont posés une Bible, le drapeau américain et une épée que Simmons a installés l'après-midi même. Chacun revêt la tenue du KKK, la croix est embrasée et ce dernier prend la parole : « Voici l'Empire invisible tiré de son sommeil d'un demi-siècle pour entreprendre une nouvelle tâche, s'acquitter d'une seconde mission pour le bien de l'humanité et rappeler chez les mortels le bon ange de la fraternité entre les hommes. » (Decaux (Alain), « Les cagoulards du KKK », in *Historia*, Paris, Librairie Jules Tallandier, 1977, p. 21)

<u>Le saviez-vous ?</u>

Les croix enflammées constituaient au Moyen Âge un moyen de communication entre les différents clans écossais. Si elles n'étaient pas utilisées à l'origine par le KKK, elles deviendront, suite au livre de Thomas Dixon et au film *Birth of a Nation*, un élément emblématique du Klan.

Ainsi, le Klan qui renaît de ses cendres se veut plus nationaliste que le précédent. Il ne s'agit plus uniquement de protéger la race blanche des Noirs, mais bien de sauvegarder le « vrai peuple américain », c'est-à-dire les Blancs protestants qu'on appelle désormais les WASP (*White Anglo-Saxon Protestant*), des Noirs mais aussi des catholiques, des juifs et, plus tard, des communistes. Par ailleurs, il ne s'agit plus d'un mouvement secret agissant la nuit, mais bien d'une organisation reconnue par les autorités, en règle avec les lois. En 1917, le nouveau KKK est considéré comme une force complémentaire au maintien de l'ordre. Contrairement à son prédécesseur, le mouvement n'obtient pas tout de suite le succès espéré et l'on compte à peine plus de 2 000 adhérents en 1920, soit cinq ans après sa résurrection.

Photo prise lors d'un rassemblement du KKK, vers 1920.

Cette même année, Edward Y. Clarke (né en 1877) et Mary Elizabeth Tyler (1881-1924) donnent l'impulsion nécessaire pour relancer le Klan. Pour ce couple, si le KKK représente une force potentielle insoupçonnée, il s'avère tout de même indispensable de canaliser et de guider Simmons pour que l'organisation rayonne à nouveau. Ils lui proposent donc leurs services d'agent publicitaire et de conseiller. Un contrat est signé, qui prévoit d'octroyer à Simmons un salaire de 100 dollars par semaine et de rendre payante l'adhésion au mouvement (10 dollars). Le couple recommande également de commercialiser les costumes, robes, cagoules et autres insignes. Le Klan achète ainsi la Gate City Manufacturing Company pour produire le nécessaire. Simmons devient officiellement Colonel, titre dont il s'était toujours paré, mais dont il revêt à présent l'apparat. Il dispose désormais de deux revolvers, d'un poignard et d'une cartouchière qui ne le quittent plus.

LE SAVIEZ-VOUS ?

Toutes réunions du KKK commencent par le rituel suivant : le Colonel Simmons, Grand Sorcier du Klan, plante son poignard au milieu de la table en criant sur un ton de défi : « Que les nègres, les catholiques et les juifs y viennent, maintenant ! » (DECAUX (Alain), *op. cit.*, p. 22)

Clarke et Tyler obtiennent des résultats extraordinaires et le nombre de membres dépasse la barre des 100 000 à la fin de l'année. C'est que le couple a bien compris la déception des hommes revenus des champs de bataille de la Première Guerre mondiale (1914-1918) qui peinent à trouver du travail, celui-ci ayant, pensent-ils, été pris par des immigrés qui ont fui l'Europe durant le conflit pour venir s'installer en Amérique. Par ailleurs, Clarke et Tyler profitent du courant isolationniste qui a cours aux États-Unis pour bâtir un programme d'américanisme agressif. Ce nouveau KKK a bel et bien pris un tournant plus nationaliste que jamais.

En moins d'un an, le succès est tel que le Klan devient millionnaire. Mais, à nouveau, les dirigeants de l'organisme ne parviennent pas à contenir la violence de leurs adeptes devenus trop nombreux. Les agressions et les lynchages reprennent. Ils s'attaquent directement aux mœurs du peuple, n'hésitant pas à châtier les Noirs accusés d'avoir eu des relations avec des femmes blanches, les Blancs qui fraternisent avec les Noirs, mais aussi, plus largement, les médecins avorteurs. La nouvelle punition à la mode consiste à déshabiller l'accusé et à l'enduire de goudron et de plume. À l'ombre des parades devenues spectaculaires et monumentales, les violences et les débordements s'aggravent, et plusieurs meurtres sont commis. Incapable de rattraper la situation, le Colonel Simmons engage, sur conseil de Clarke, Hiram Evans comme adjoint, qui, à la suite de ce qui peut être appelé un coup d'État, force le Grand Sorcier à lui confier ses fonctions.

Hiram Evans lors d'une parade du KKK en 1926.

En 1924, le mouvement constitue une véritable force politique qui parvient à faire élire onze gouverneurs et neuf députés. L'année suivante, il dépasse le nombre impressionnant de cinq millions de membres. Mais, bientôt, tout cela ne sera guère plus qu'un souvenir. La presse mène en effet une campagne contre le Ku Klux Klan et révèle les dessous financiers du mouvement ainsi que ses crimes. En outre, plusieurs accusations visent directement des hauts gradés du Klan. L'organisation a été trop loin et la plupart des États promulguent une loi anti-masque. En 1928, le Klan ne compte plus que quelques centaines de milliers de membres. La grande crise économique qui survient l'année suivante vient éteindre ses dernières flammes. Les Américains n'ont à présent plus à cœur de parader dans les rues. En 1939, Evans, découragé, passe le flambeau à James A. Colescott (1897-1950). Puis survient la Seconde Guerre mondiale qui freine considérablement les activités du KKK. Enfin, en 1944, le fisc réclame à l'organisme 685 000 dollars d'impôts impayés. C'en est fini du Klan uni et réglementé à l'échelle nationale.

LE KU KLUX KLAN AUJOURD'HUI

Le Klan tente de réapparaître une troisième fois en 1946 sous l'impulsion de Samuel Green, puis de Sam Roper. Il ne retrouvera toutefois jamais son impact et son unité. Avec l'apparition des premières lois antiségrégationnistes et du mouvement pour les droits civiques, on ressort les costumes et les rites d'antan. Mais la justice ne s'incline pas et les gouvernements successifs poussés par les mouvements en faveur des droits civiques sont bien décidés à imposer la fin de l'inégalité raciale. Entre 1956 et 1963, à mesure que le combat en faveur de l'égalité entre Noir et Blanc progresse, plusieurs émeutes surviennent. On dénombre, durant cette période, 35 morts, 44 personnes battues, 30 maisons dynamitées, 8 habitations brûlées, 4 attentats à la bombe contre des écoles qui ont ouvert leurs portes aux Noirs, 7 attentats contre des églises et 4 contre des synagogues.

Mais, cette fois, les États du Sud n'ont plus ni le choix ni la possibilité de contourner les amendements de la Constitution et les arrêtés de la Cour suprême, et ce malgré les émeutes.

En 1967, le Klan comprend encore 50 000 membres, nombre qui diminuera progressivement pour atteindre celui de 3 000 en 1990. Aujourd'hui, bien que le KKK, en tant qu'organisation unique et hiérarchisée, n'existe plus, il subsiste encore au sein de nombreuses organisations locales qui disposent de leurs propres règles et doctrines. Depuis 2006, on constate un regain de succès pour ces groupuscules qui se réclament de l'ancien KKK, puisqu'il compterait aujourd'hui 8 000 membres répartis dans 179 cellules. Un succès dû sans doute à l'expansion d'Internet, au développement des réseaux sociaux et à la crise économique de 2008.

Photo prise lors d'un rassemblement du KKK en 2005.

NATHAN BEDFORD FORREST, PREMIER GRAND SORCIER DU KU KLUX KLAN

Né en 1821 dans le comté de Bedford (Tennessee), Nathan Bedford Forrest connaît une enfance difficile. Aîné d'une famille nombreuse (11 frères et sœurs), il perd son père à l'âge de 15 ans et doit travailler pour subvenir aux besoins de sa famille. Il devient marchand d'esclaves puis planteur, et profite de l'incroyable apogée du commerce de coton pour acquérir une certaine aisance financière. En 1845, il épouse Mary-Ann Montgomery (1826-1893), avec qui il a un fils, William, en 1846, et une fille, Fanny, en 1848.

Il s'intéresse à la politique menée à Memphis et se fait élire au poste d'*Alderman* (conseiller communal) en 1858. Devenu un notable respecté de la ville, il s'engage comme simple soldat sous les couleurs de son État lorsque survient la guerre de Sécession. Avec sa richesse personnelle, il lève un régiment de cavalerie ce qui, avec l'aide de l'influence de ses amis, le propulsera au grade de lieutenant-colonel. Durant les combats, il se révèle être un bon meneur d'hommes et un tacticien redoutable. Il gravit très vite les échelons de la hiérarchie militaire pour finalement devenir lieutenant général. À la fin du conflit, de retour chez lui, il libère ses esclaves et prend par la suite plusieurs fois position en faveur des Noirs d'Amérique.

D'anciens soldats et camarades de l'armée lui proposent le titre de Grand Sorcier du KKK, qui se définit alors comme une association de chevaliers désireux de protéger les femmes et orphelins sudistes. Il accepte la proposition et tient de nombreuses conférences et réunions à travers le Sud afin d'évoquer les problèmes posés par l'abolition de l'esclavage et les pertes humaines et matérielles engendrées par le conflit. Son souhait est de faire du KKK une force politique capable de protéger et d'aider le Sud en pleine reconstruction.

Le premier Grand Sorcier n'éprouve aucune haine particulière envers les Noirs. Il luttera d'ailleurs contre les exactions et les débordements commis par les membres de son mouvement, et, la situation ne s'arrangeant guère, il choisira de quitter le KKK. Il passe la fin de sa vie à lutter contre les Blancs qui se déshonorent, selon lui, en s'attaquant aux Noirs et à critiquer publiquement les exactions du mouvement qu'il a lui-même gouverné.

WILLIAM JOSEPH SIMMONS, FONDATEUR DU DEUXIÈME KU KLUX KLAN

Fils de Calvin Henry Simmons (1836-1893), un médecin d'Harpersville en Alabama, Joseph William Simmons a une enfance sans histoire. Destiné très tôt aux études de médecine pour suivre les traces de son père, il s'engage dans l'armée américaine lors du conflit hispano-américain (avril-août 1898) avant d'effectuer lesdites études. Diplôme de l'université Johns Hopkins en poche, il devient professeur pour l'Église épiscopale méthodiste du Sud jusqu'en 1912. Trois ans plus tard, il travaille pour une société d'assurances et est membre d'une quinzaine d'organisations fraternelles.

La même année, il profite de l'immense popularité du film *Birth of a Nation* et des troubles antisémites survenus lors du procès contre Léo Frank (1884-1915), un industriel juif accusé d'avoir violé et tué Mary Phagan, une fillette de 14 ans, pour faire renaître le Klan. Le nouveau Sorcier Impérial organise et fixe les règles de ce nouveau Klan qui n'explose réellement qu'après son association avec Edward Y. Clarke et Mary Elizabeth Tyler, des professionnels dans le domaine de la publicité et de la communication. En 1922, Simmons se fait destituer par Hiram W. Evans, qui prend les rênes du KKK. Malgré un procès intenté à l'encontre d'Evans, il ne retrouve plus ni son influence ni sa place au sein du mouvement.

HIRAM WESLEY EVANS, ASSISTANT IMPÉRIAL DU KU KLUX KLAN

C'est en 1881 à Ashland en Alabama qu'est né Hiram W. Evans. Fils du juge Martin Evans, il entreprend des études à l'université Vanderblilt et se lance par la suite dans une carrière de dentiste. En 1900, il reçoit l'autorisation de pratiquer et installe son cabinet au centre de Dallas. Moins cher que ses concurrents, le jeune dentiste obtient très vite un succès modéré.

En 1912, il rejoint les Disciples du Christ, un mouvement souhaitant réunir tous les chrétiens derrière une Église unique qui respecterait les principes du Nouveau Testament, ainsi que les francs-maçons et, en 1920, le Klan. Excellent orateur et extrêmement ambitieux, il gravit rapidement les échelons de la hiérarchie du Klan. En 1921, il est chargé par Edward Y. Clarke de superviser les campagnes d'adhésion de l'organisme au niveau national, ce qui l'amène à voyager et à s'entretenir régulièrement avec les dirigeants locaux du mouvement.

En 1922, il prend la tête d'un groupe de militants du Klan désireux de réorganiser le mouvement, dans lequel on retrouve notamment Edward Clarke et D. C. Stephenson (Grand Dragon, 1891-1966), trois des plus hauts gradés de la hiérarchie du Klan. Il profite de cette restructuration pour enlever à Simmons la plupart de ses prérogatives. Celui-ci accepte, ne voulant pas provoquer de discorde qui nuirait au mouvement. Désormais à la tête du Klan, Evans dirige plusieurs procès contre ses subalternes, ce qui confirme sa position de leader unique. Il réaffirme en outre la suprématie native de la race blanche anglo-saxonne descendante des premiers colons, qui est, selon lui, supérieure aux Américains d'autres origines. Partant de ce postulat, il juge qu'il est nécessaire de protéger cette race de tout mélange. Ce discours, qui fait écho à ceux véhiculés par l'eugénisme et le racisme scientifique de l'époque, se développe et obtient les faveurs de personnalités politiques importantes comme l'ancien président Woodrow Wilson, qui fait l'éloge du Klan à plusieurs reprises en public. Malgré tout, Evans ne put empêcher son déclin. En 1939, il passe le relais à James A. Colescott, son ancien chef de cabinet, et disparaît de la vie publique.

DAVID DUKE, FONDATEUR DES CHEVALIERS DU KU KLUX KLAN

Né à Tulsa (Oklahoma) en 1950, David Duke se fixe en Louisiane après avoir passé quelques années à voyager à travers le monde pour des raisons professionnelles. En 1960, il rencontre William Luther Pierce (leader néo-zélandais du parti nationaliste blanc américain, 1933-2002) qui le convainc de rejoindre le parti de l'Alliance nationale, un parti nationaliste et antisémite, qu'il a lui-même fondé.

Sept ans plus tard, Duke rejoint la cellule du Klan de sa ville et fonde, en 1969, le National Youth Alliance à l'université Tulane (Nouvelle-Orléans). En 1972, il est arrêté une première fois avec trois de ses compères pour incitation à l'émeute alors qu'ils venaient de placer un drapeau confédéré sur le monument du général Lee de la ville. Quelques mois plus tard, il fonde les Chevaliers du Ku Klux Klan, une organisation qui a pour but de rétablir la ségrégation, et devient Sorcier Impérial. Il abandonne toutefois les déguisements pour le costume-cravate, bien décidé à moderniser les traditions désuètes de l'ancien Klan. En 1976, il organise plusieurs rencontres néonazies en Europe et participe à la création d'un Klan au Canada. Expulsé du pays, Duke délaisse peu à peu les affaires des Chevaliers du Ku Klux Klan, dont plusieurs membres l'accusent d'utiliser les fonds du mouvement à des fins personnelles. Déjà candidat au poste de sénateur de la Louisiane en 1975 et en 1979, il quitte les Chevaliers en 1980 et décide se lancer en politique. Il intègre l'Association nationale pour la promotion des personnes blanches et se porte candidat du côté démocrate en 1988 à la primaire de son parti, à laquelle il n'obtient que 0,04 % des voix. Passé du côté républicain, il est élu de 1989 à 1992 à la Chambre des représentants en Louisiane. En 1991, il se présente au poste de gouverneur et obtient un score respectable. Un an plus tard, il se présente à nouveau à la primaire de son parti, mais n'obtient que 0,94 % des voix.

Depuis, il a quitté la vie politique, mais continue d'apporter de temps à autre son soutien aux candidats qu'il apprécie, comme il l'a fait avec Donald Trump (homme politique et homme d'affaires américain, né en 1946). Soupçonné de vouloir créer un groupe néonazi européen, il est expulsé d'Italie et de la République tchèque pour incitation à la haine.

BUTS ET FONCTIONNEMENT DU KKK

ORGANISATION DU MOUVEMENT

Le Klan est un mouvement extrêmement hiérarchisé, dans lequel chaque membre possède un grade qui définit sa fonction et ses missions au sein du mouvement, ainsi que sa tunique et ses insignes. C'est donc un véritable empire qui a été érigé lors du congrès de Nashville (1867) et dans le livre *Kloran*, rédigé par Simmons lors de la résurrection du mouvement. Cet empire s'étend sur plusieurs zones géographiques et comprend un organe de sécurité et un organe judiciaire. En outre, il dispose d'une hiérarchie, d'un vocabulaire et d'un protocole qui lui sont propres. Les groupuscules se revendiquant du Klan conservent ces mêmes dispositions, même si l'aspect plus local et décentralisé de ces cellules provoquera une différenciation de certains termes.

La hiérarchie du Premier Klan

Territoire	Direction et administration
Le Den (terme du Klan désignant la ville)	Un Cyclope assisté d'un Grand Échiquier (trésorier), d'un Grand Mage (second officier), d'un Grand Moine (troisième officier) et de deux Faucons de nuit (responsable de la communication).
Les Provinces (équivalent au comté)	Un Grand Géant assisté de quatre Gobelins (conseillers), d'un Grand Échiquier et d'un Grand Scribe (responsable de la liste des membres).
Les Dominions (équivalent au district)	Un Grand Titan assisté de six Furies (conseillers), d'un Grand Échiquier et d'un Grand Scribe.
Les Realms (le royaume, équivalent à l'État)	Un Grand Dragon assisté de huit Hydres (conseillers), d'un Grand Échiquier et d'un Grand Scribe.
L'Empire (la zone d'influence du Klan)	Un Grand Sorcier assisté de dix Génies, d'un Échiquier Impérial et d'un Scribe Impérial.

Dans l'organigramme du Klan de 1867, on trouve également des Grandes Sentinelles, organisées en Grandes Gardes, chargées de la sécurité des membres, ainsi qu'un Grand Conseil des Yahoos, formé et dirigé par le Grand Géant de la province pour les affaires judiciaires concernant les officiers du Klan, et enfin un Grand Conseil des Centaures pour les membres subalternes de l'empire. Il semblerait cependant que ces deux conseils prévus par le congrès de Nashville n'aient pas été actifs très longtemps et qu'ils aient laissé place à des conseils judiciaires locaux, organisés de façon différente dans chaque royaume. Enfin, on trouve également, au sein du Premier Klan, les Grands Turcs chargés de guider les candidats lors de leur cérémonie d'adhésion.

La hiérarchie du Deuxième Klan

Territoire	Direction	Assistants	Nom des conventions	Attributs
Le Klanton (la ville)	Cyclope Exalté ou le Klavern	Douze Terreurs	/	Robe noire et écharpe rouge
La Province (le district)	Le Titan	Sept Furies	La Klonverse	Robe blanche, écharpe verte et quatre chevrons verts sur les manches
Le Realm	Le Grand Dragon	Neuf Hydres	Le Klorero	Robe verte
L'Empire	Grand Sorcier / Sorcier Impérial / Assistant Impérial	Le Kloncilium Imperial (15 Genies)	La Klonvokation	Robe pourpre

Simmons a poussé plus loin encore la recherche de vocabulaire dans le *Kloran*. Les réunions portent en effet un nom spécifique à chaque niveau, et chaque fonctionnaire se voit affublé d'un titre qui définit clairement sa mission au sein du mouvement. Par ailleurs, l'attribution de l'adjectif « Le Grand » et « Impérial » au titre permet de distinguer à quel niveau les membres exercent leur fonction. Ainsi, le Klabee Impérial est le trésorier de l'empire, le Grand Klabee celui du royaume et la Grande Klabee celui de la province.

Fonctions définies dans le _Kloran_ de Simmons

Titre	Fonction	Titre	Fonction
Le Kleagle	Chargé du recrutement	Le Klabee	Trésorier
Le Klaliff	Vice-président	Le Kladd	Conducteur de l'initiation des nouveaux membres
Le Klokard	Conférencier	Le Klarogo	Responsable de la sécurité, garde intérieure
Le Kludd	Aumônier	Le Klexter	Responsable de la sécurité, garde extérieure
Le Kligrapp	Secrétaire	Le Nighthawk	Chargé de communication

Les procédures d'adhésion restent globalement identiques entre le Premier et le Deuxième Klan. Tout le monde peut recruter et travailler pour le Keagle du Klanton, ce qui est d'autant plus vrai pour le Deuxième Klan, car le recruteur gagnait quatre dollars sur l'inscription. Les aspirants sont regroupés la nuit et doivent répondre à dix questions. S'ils répondent affirmativement à chacune d'entre elles, ils sont jugés dignes d'intégrer le mouvement. En voici quelques-unes :

- Êtes-vous un bon citoyen ?
- Êtes-vous Américain ?
- Êtes-vous un bon chrétien ?
- Êtes-vous de sang anglo-saxon ?
- Êtes-vous contre l'égalité des Noirs avec les Blancs ?

LES ACTIONS MENÉES

Lors du congrès de Nashville, le Ku Klux Klan est défini comme une « institution de chevalerie, d'humanité, de pitié et de patriotisme incarnant dans son génie et ses principes tout ce qui est chevaleresque »

(PORTES (Jacques), *L'âge doré. 1865-1896*, Nancy, Presses universitaires de Nancy, 1988, p. 23). Trois missions sacrées lui sont dévolues. Le Klan doit tout d'abord protéger l'innocent des indignités, des outrages de la loi, des violents et des brutes, et secourir les infortunés, en particulier les femmes et les orphelins des soldats confédérés. Il se veut ensuite le défenseur de la Constitution des États-Unis d'Amérique et de toutes ses lois, ainsi que le protecteur des États de toutes invasions qui soient. Enfin, le KKK doit aider à l'exécution des lois constitutionnelles. Si ces principes semblent empreints de nobles sentiments, il laisse toutefois déjà entrevoir les dérives qui suivront.

Il s'agissait donc, dans un premier temps, de protéger les veuves des agressions des Noirs, tout juste libérés de leur condition servile, et de sauvegarder les États des envahisseurs du Nord venus se faire de l'argent facile dans le Sud ravagé par la guerre et la pauvreté. Mais cette protection change rapidement de visée : si la femme blanche est protégée, ce n'est plus seulement pour venir en aide à une personne qui n'a peut-être pas tous les moyens de se défendre, mais bien pour sauvegarder la pureté de la race. Pour les hommes du Klan, le Noir libéré peut en effet mettre en péril la suprématie de la race blanche et, pire encore, la contaminer. Ainsi, toutes actions permettant d'affirmer ou de garantir la suprématie des Blancs peuvent être menées par les membres de l'organisation sans sortir pour autant des principes de base établis par celle-ci.

Les regroupements de membres en uniforme dans des endroits publics ou fréquentés par les Noirs, les manifestations et les défilés sont également des actions habituelles. Quoi de mieux pour affirmer sa puissance et marquer les esprits que de parader en costume en ville. Le Klan doit donc se montrer le plus possible en public afin de don-ner l'impression aux non-membres que tout le monde fait partie de l'organisation et qu'il serait dès lors normal qu'ils la rejoignent. Parmi les grandes manifestations du mouvement, on retiendra notamment le rassemblement du 4 juillet 1923 dans l'Indiana suivi par plus de 200 000 personnes et les deux parades d'août 1925 et 1926 qui ont eu lieu à Washington et dans lesquelles ont défilé respectivement 30 000 et 40 000 personnes.

La parade du Ku Klux Klan à Washington, 1926.

Enfin, à l'ombre de ces actions légales, les membres du Klan se regroupent pour pratiquer une série d'actes illégaux. Leurs actions sont multiples : lynchages publiques, party plume et goudron, humiliation, marquage au fer rouge des lettres KKK sur leur victime, enlèvements et assassinats. La police et les autorités, qui peuvent être de mèche avec le Klan ou qui redoutent tout simplement la puissance de l'organisation, laissent souvent faire sans réagir. Ce n'est qu'à partir de la déségrégation des années soixante que le Gouvernement fédéral s'oppose plus systématiquement aux institutions refusant de respecter les lois en vigueur, ce qui engendrera souvent des émeutes menées par les membres du Klan. Ces manifestations marqueront profondément l'opinion publique par leur violence.

Le Ku Klux Klan mène en parallèle des activités plus intellectuelles, telles que des conférences tenues par les Klokards sur les thèses du Klan, la rédaction d'articles pour le journal de l'organisme, etc. Enfin, la politique constitue également un domaine d'activité privilégié pour le Klan. Ses membres font notamment campagne pour ou contre tel ou tel projet de loi, pour telle personnalité adhérente ou hostile au mouvement. Cela porte ses fruits puisqu'en 1924 plusieurs gouverneurs et députés élus sont des membres du Klan. Les politiciens sont eux aussi bien conscients du pouvoir et du réservoir de voix dont dispose l'organisation, et certains n'hésitent pas à adhérer au mouvement pour être réélus.

LE SAVIEZ-VOUS ?

Harry S. Truman (1884-1972), président des États-Unis en 1945, a adhéré au Klan en 1924 pour assurer sa réélection en tant que juge du Kansas. Membre inactif du mouvement, il le quitte quelques mois plus tard, après qu'on lui a demandé de n'engager aucun catholique ou juif dans l'administration.

CONTROVERSES

L'histoire du Klan est riche en controverses et démêlés avec la justice. Il convient de présenter ici brièvement quatre affaires qui ont eu un retentissement national et un impact négatif sur le mouvement. Les trois premières ont eu lieu durant la première moitié des années vingt et tendent à expliquer le déclin du mouvement. La dernière affaire, plus actuelle, démontre l'idéalisation des organisations modernes se revendiquant du Klan envers le Sud confédéré et leur attachement aux symboles de celui-ci.

L'AFFAIRE DANIELS ET RICHARD

Début de l'été 1922, le D' B. M. McKoin, Cyclope Exalté et ancien maire de la ville de Mer Rouge située en Louisiane, prétend avoir essuyé plusieurs coups de feu alors qu'il revenait de sa tournée de visites en voiture. Le Klan de la ville se réunit et arrête aussitôt deux opposants, Watts Daniels (mort en 1922) et Tom Richards (mort en 1922), son mécanicien. Les deux hommes sont relâchés, faute des preuves, mais, durant leur arrestation, ils reconnaissent plusieurs membres du Klan malgré leur déguisement.

La diffusion de l'identité de certains de ses membres par les deux suspects pourrait compromettre le Klan. D'autant plus que les deux jeunes hommes racontent à leur entourage tous les détails de leur arrestation. Bientôt, tout le monde est au courant de l'affaire. Les membres du Klan du village se réunissent une nouvelle fois le 22 août 1922. Ils décident alors de bloquer la route principale de la ville avec un camion pour trouver les deux hommes. Une fois ceux-ci appréhendés, ils les kidnappent et les emmènent dans une clairière aux alentours de la ville où ils les fouettent à mort.

L'affaire est prise très au sérieux par les autorités de la ville. Jamais le Klan n'avait provoqué la mort de Blancs catholiques. Le lac Lafourche est fouillé par des plongeurs professionnels et l'on retrouve les deux corps mutilés quelques jours plus tard. La police arrête plusieurs membres du Klan qui avouent avoir flagellé les victimes, mais refusent toute accusation de meurtre. Le juge, qui a dû s'entourer d'hommes armés pour protéger la salle d'audience des manifestations des membres du Klan, finit par acquitter les accusés sous la contrainte. Si l'affaire scandalise l'opinion publique hostile à l'organisation, elle a également des répercussions au sein même du mouvement, le Grand Sorcier Simmons étant critiqué pour son inaction.

LES DÉMÊLÉS JUDICIAIRES D'EDWARD CLARKE

On ne peut pas dire qu'Edward Clarke, l'homme qui a permis au Deuxième Klan d'acquérir une ampleur nationale, soit exsangue de tout reproche. Les nombreux procès judiciaires qu'il traîne et ne cesse de déclencher ternissent peu à peu l'image du Klan, qui se veut, ne l'oublions pas, un ordre de chevalerie protégeant la vertu et la pureté de la race blanche.

En 1919, le futur Impérial Kleagle est poursuivi pour affaire de mœurs par sa femme qui l'avait surpris nu en compagnie de sa collègue Mary Elizabeth Tyler. En 1922, durant la Prohibition, il est arrêté à deux reprises en possession d'alcool. En mars 1924, il est reconnu coupable d'avoir enfreint la loi Mann, qui interdit de transporter d'un État à un autre une femme ou une fille à des fins de prostitution et de débauche. Tout cela le contraint à quitter le Klan et à fuir le pays pour échapper à la justice.

LE PROCÈS DE STEPHENSON

Nulle personne dans le Klan ne peut se targuer d'avoir recruté autant de membres que David Curtis Stephenson. Politicien renommé de l'Indiana, devenu Grand Dragon de l'État, il recrute, entre 1922 et 1923, 2 000 nouveaux membres par semaine dans sa circonscription. Particulièrement populaire, il acquiert peu à peu un pouvoir et une fortune spectaculaire. En outre, ses nombreuses relations avec le monde politique en font un atout précieux pour le Klan. Encouragé par ses succès, il décide de rompre ses liens avec Hiram Wesley Evans, l'Assistant Impérial, ainsi qu'avec le Klan national et proclame l'indépendance du Klan des régions qu'il dirige. Ambitieux, il désire se lancer en politique.

Tout bascule lorsque Madge Oberholtzer (1896-1925) est retrouvée morte des suites d'une infection staphylococcique provoquée par les blessures de morsures de Stephenson sur sa poitrine et de la consommation de chlorure de mercure qu'elle prenait pour mettre fin à ses jours. Séquestrée, violée et blessée à maintes reprises par Stephenson, l'enseignante laisse une lettre d'adieu dans laquelle elle décrit son calvaire et explique que ce dernier refusait de lui procurer des soins médicaux si elle ne devenait pas sa femme. Les analyses médicales montrent qu'il aurait pu la sauver s'il avait accepté de les lui donner. Un procès est ouvert qui mène à la condamnation à perpétuité pour viols à répétition, torture et non-assistance à personne en danger.

L'affaire provoque une vague de désaffiliation massive dans les rangs du Klan, indignés par les agissements de l'une de ses vedettes. En prison, Stephenson demande à son ancien ami le gouverneur de l'Indiana, Edward Jackson (1873-1954), de le gracier, mais celui-ci refuse. Se sentant trahi, il fait publier une liste des fonctionnaires de l'État qui sont ou ont été achetés par le

Klan, entraînant dans sa chute de nombreuses autres personnes, comme le gouverneur Jackson, le président du Parti républicain du comté de Marion, le maire d'Indianapolis et plusieurs commissaires républicains.

LE RETRAIT DU DRAPEAU CONFÉDÉRÉ DE CAROLINE DU SUD

Le 18 juin 2015, la Caroline du Sud est secouée par un attentat meurtrier commis par Dylann Roof (né en 1994) dans une église de la communauté noire de Charleston. Avant d'accomplir ce geste fou, le jeune garçon âgé de 21 ans avait posté sur les réseaux sociaux plusieurs photos de lui, posant armé devant un drapeau confédéré. Cet étendard, devenu avec le temps, un symbole de racisme, se trouvait encore devant le Parlement de l'État. Décision est donc prise de le retirer le 10 juillet.

Ce jour-là, une centaine de membres d'un groupe appelé les *Black Educators for Justice* défilent pour soutenir la décision de l'État de retirer le drapeau. Ils sont très vite rejoints par des dizaines de manifestants issus des cellules locales du Klan qui brandissent des drapeaux confédérés et nazis. Plusieurs échauffourées éclatent. C'est donc sous les cris et la huée des spectateurs que les policiers de l'État, déployés en nombre, retirent le drapeau confédéré qui flottait depuis 150 ans devant le Parlement.

À travers cette affaire, l'on peut voir toute l'importance accordée par les membres du Klan aux symboles ainsi que l'idéalisation très vivace du Sud confédéré. Un Sud confédéré, vu comme une terre riche, où le Noir est esclave ; une terre regrettée, mystifiée et idéalisée et dont les membres du Klan tentent par tous les moyens de garder le souvenir.

- À l'origine, le Ku Klux Klan se veut un simple club de distraction, créé par six confrères revenant de la guerre de Sécession sur le modèle des clubs universitaires.

- Ce n'est qu'à partir du congrès de Nashville en 1867 que le mouvement se change en une véritable organisation et se dote d'une idéologie. Le Klan entend défendre la veuve et l'orphelin ainsi que protéger les États de toute invasion. Par glissement idéologique, l'on voit apparaître à cette époque les premières exactions commises contre les Noirs, qui constituent aux yeux des hommes du Klan la cause de la guerre et une menace pour le Sud.

- Devant l'avalanche de procès et d'agressions, le Klan est dissous officiellement en 1869, mais il faudra attendre le Klan Act (1871), la retraite des soldats du Nord restés en garnison et la publication de lois Jim Crow (1875) instaurant la ségrégation raciale pour voir peu à peu disparaître les hommes en cagoule.

- Le mouvement renaît en 1915 par l'action de William J. Simmons, influencé par un film qui fait l'apologie du Premier Klan. Ce nouveau Klan se veut plus nationaliste et lutte contre les catholiques et les juifs, considérés comme des envahisseurs qui mettent en péril la pureté de la race des hommes blancs, anglo-saxons et protestants.

- À son apogée en 1925, le Klan compte plus de cinq millions de membres et constitue une véritable force politique qui importe au niveau national. Il fait élire des gouverneurs et des sénateurs et, dans certains États, son influence est telle que la majorité des fonctionnaires de l'appareil étatique en est membre, ce qui permet de laisser les débordements impunis. C'est durant cette période que le Klan connaît ses plus grands moments de gloire, mais aussi ses plus grands scandales judiciaires, qui contribuent à sa dissolution en 1944.

- Malgré plusieurs tentatives, le Klan ne renaîtra jamais de ses cendres. Plusieurs groupuscules locaux, plus ou moins autonomes, se revendiquant du Klan, apparaissent toutefois, mais on est loin du mouvement unitaire national d'antan. En chute libre depuis les années soixante-dix, le KKK ne désigne plus qu'un ensemble d'associations et de microcellules dont les règles, les rites et les objectifs divergent.

- S'ils n'étaient plus que 3 000 en 1990, les effectifs de ces groupuscules sont en constante évolution depuis 2006 grâce à l'essor d'Internet, des réseaux sociaux et de la crise économique de 2008. Aujourd'hui, le Klan compterait un peu plus de 8 000 membres répartis dans 179 cellules.

- Même si le nombre de membres a évolué au court du temps, de même que les pratiques et l'organisation, on observe une certaine constance dans le mode de penser des hommes du Klan. Que ce soit contre les Noirs, les catholiques, les juifs, les communistes ou, plus récemment, les musulmans, ceux-ci entendent protéger la race pure des Américains de souche. Ce qui était valable il y a 150 ans l'est donc encore aujourd'hui, malgré les profonds changements qu'a subis la société, et nul doute que ça le sera encore dans 150 ans, tant le rejet de l'autre et le besoin de se sentir supérieur sont faciles.

POUR ALLER PLUS LOIN

SOURCES BIBLIOGRAPHIQUES

* CHALMERS (David), *L'Amérique en cagoule. Cent ans de Ku Klux Klan*, Paris, Trévise, 1968.
* DECAUX (Alain), « Les cagoulards du KKK », in *Historia*, Paris, Librairie Jules Tallandier, 1977, p. 14-25.
* FRY (Henry), *The Modern Ku Klux Klan*, New York, Negro Universities Press, 1969.
* HODGSON (Godfrey), *Carpetbaggers et Ku-Klux Klan. Les États-Unis après la guerre de Sécession*, Paris, Gallimard, 1966.
* KASPI (André), *Les 1 000 jours d'un président*, Paris, Armand Colin, 1993.
* KASPI (André), *Les États-Unis au temps de la prospérité (1919-1929)*, Paris, Fayard, 1994.
* KENNEDY (Stetson), *J'ai appartenu au Ku Klux Kan*, Paris, Morgan, 1958.
* LESTER (John) et WILSON (Daniel), *Ku Klux Klan, Its Origin, Growth and Disbandment*, New York, Washington Neale, 1905.
* NEWTON (Michael), *The Ku Klux Klan: History, Organization, Language, Influence and Activities of America's Most Notorious Secret Society*, Jefferson, McFarland & Company, 2006.
* PORTES (Jacques), *L'âge doré (1865-1896)*, Nancy, Presses universitaires de Nancy, 1988.
* RANDEL (William), *The Ku Klux Klan. A Century of Infamy*, Philadelphia, Chilton Books, 1965.
* TRELEASE (Allen), *White terror. The Ku Klux Klan Conspiracy and Southern Reconstruction*, New York, Harper Torchbooks, 1972.
* WYN CRAIG (Wade), *The Fiery Cross: The Ku Klux Klan in America*, Oxford, Oxford University Press, 1998.

SOURCES ICONOGRAPHIQUES

- Portrait de Nathan Bedford Forrest. La photo reproduite est réputée libre de droits.
- Affiche du film *Birth of a Nation*, 1915. La photo reproduite est réputée libre de droits.
- Photo prise lors d'un rassemblement du KKK, vers 1920. La photo reproduite est réputée libre de droits.
- Hiram Evans lors d'une parade du KKK en 1926. La photo reproduite est réputée libre de droits.
- Photo prise lors d'un rassemblement du KKK en 2005. La photo reproduite est réputée libre de droits.
- La parade du Ku Klux Klan à Washington, 1926. La photo reproduite est réputée libre de droits.

FILMS

- *Birth of a Nation*, film de David Wark Griffith, avec Lillian Gish et Mae Marsh, États-Unis, 1915.
- *Mississipi Burning*, film d'Alan Parker, avec Gene Hackman et Willem Dafoe, états-unis, 1988.

LITTÉRATURE

- DIXON (Thomas), *L'Homme du Klan : un roman historique du Ku Klux Klan*, 1905.
- LLONA (Victor), *La Croix de feu : le Ku Klux Klan*, 1928.
- DIXON (Thomas), *L'Épée flamboyante*, 1939.

MONUMENTS

- La cathédrale Christ-Roi d'Atlanta, l'ancien siège du Klan à Atlanta (Géorgie).
- La plaque commémorative du premier Klan à Pulaski (Tennessee).

SOYEZ LÀ
OÙ ON NE VOUS ATTEND PAS !

www.50minutes.com

www.50minutes.com

Éditeur responsable : Lemaitre Publishing
Avenue de la Couronne 382 | BE-1050 Bruxelles
info@lemaitre-editions.com

ISBN ebook : 978-2-8062-7404-5
ISBN papier : 978-2-8062-7405-2
Dépôt légal : D/2015/12603/619
Photo de couverture : réputée libre de droits.

Conception numérique : Primento,
le partenaire numérique des éditeurs